Émile DURKHEIM

# L'enseignement philosophique et l'agrégation de philosophie

Édition : BoD · Books on Demand GmbH, In de Tarpen 42,
22848 Norderstedt (Allemagne)
Impression : Libri Plureos GmbH, Friedensallee 273,
22763 Hamburg (Allemagne)
ISBN : 978-2-3225-5561-1
Dépôt légal : Octobre 2024

# Table des matières

L'enseignement philosophique et l'agrégation de philosophie

# L'enseignement philosophique et l'agrégation de philosophie

Émile Durkheim

Il y a trois ans environ, le bruit courut que la philosophie était à la veille de disparaître plus ou moins complètement du programme de nos lycées. Nous ignorons dans quelle mesure cette rumeur était fondée. Toujours est-il que le danger, si danger il y eut, fut provisoirement conjuré ; les quelques réformes de détail qui furent alors adoptées n'entamèrent pas sérieusement l'organisation traditionnelle de la classe de philosophie ni ne modifièrent d'une manière sensible les conditions dans lesquelles elle se recrutait. Remis d'une alarme aussi chaude, les philosophes crurent trop facilement que l'orage était définitivement passé. Au lieu de mettre à profit leur succès pour faire d'eux-mêmes leur examen de conscience, pour s'interroger spontanément sur ce que pouvaient avoir de juste les reproches qui leur étaient adressés, ils crurent que le mieux était de se, taire et de se faire oublier. Cependant, si leurs positions restaient à Peu près intactes, l'adversaire était loin d'avoir désarmé ; le mouvement d'opinion qu'ils étaient parvenus à contenir ne faisait même que gagner du terrain. Quelque retour offensif était inévitable. Et en effet, il suffit d'un article humoristique paru dans la *Revue bleue* pour tout remettre en question. Cette fois, on comprit que la politique du silence n'était plus de mise ; car le grand public se trouvait saisi et il était nécessaire de l'éclairer. Aussi les maîtres de notre enseignement philosophique acceptèrent-ils l'hospitalité qui leur fut offerte par la *Revue* même qui avait ouvert le débat et vinrent-ils à tour de rôle nous donner leur avis. Leurs réponses ont été depuis réunies dans un même volume qui a paru sous ce titre : *Pour et contre l'enseignement philosophique.*

On ne peut que se féliciter d'une discussion qui était indispensable. Mais, quelque instructive qu'elle ait été et quelque grande que soit l'autorité des penseurs éminents qui y sont intervenus, il nous paraît impossible de la regarder comme close. Les conditions mêmes dans lesquelles elle s'était engagée ne lui permettaient pas d'aboutir. Vivement attaquée, la philosophie a riposté avec la même vivacité ; menacée dans son existence, elle s'est plus attachée à se défendre qu'à prendre d'elle-même un juste sentiment. Tout en rendant hommage à l'impartialité de ses défenseurs, on peut trouver que la cause a été plutôt plaidée qu'examinée. Aussi les concessions faites à la critique ne portent-elles que sur des détails. Nous croyons, au contraire, que l'enseignement philosophique traverse actuellement une crise très grave ; que ses amis sincères, et nous nous honorons d'en être, ne sauraient trop s'en préoccuper et que les améliorations et des retouches secondaires, comme celles que l'on a consenties, ne sauraient constituer des remèdes efficaces. C'est dans son esprit qu'il a besoin de se réformer ; telle est, du moins, l'opinion que nous demandons la permission d'exposer.

Ce n'est pas que nous entendions reprendre a notre compte les objections courantes qui lui ont été faites. L'enquête qui vient d'avoir lieu a fait justice de la plupart d'entre elles. Tel est notamment le reproche qui lui a été si souvent adressé d'être inaccessible à la moyenne des élèves et d'avoir, en quelque sorte, un caractère aristocratique qui ne saurait convenir à l'enseignement des lycées. Si cette accusation était fondée, comment expliquer l'intérêt que la philosophie excite chez les jeunes gens et que personne ne conteste ? Les uns s'en louent, les autres s'en plaignent, mais tout le monde reconnaît qu'aucune classe ne présente un égal degré de vitalité. Or il est clair qu'elle ne donnerait pas cette impression, si le professeur n'était suivi que par une petite élite, si la majorité de ses auditeurs n'apportait à ses leçons qu'une application contrainte et machinale. Sans doute. la curiosité n'est pas la même chez tous ; elle varie suivant les esprits en qualité comme en intensité. Mais il s'en faut qu'elle soit exclusivement localisée dans les premiers rangs. Il n'y a aucune raison de croire que le divorce moral entre les bons élèves et les médiocres ou les mauvais y soit plus marqué que dans d'autres classes. Si, aux examens, les réponses inintelligentes sont beaucoup trop fréquentes, la proportion n'en est pas plus élevée qu'en littérature ou qu'en histoire. Il est même vraisemblable qu'une telle critique ne serait jamais venue à l'esprit de quelqu'un qui aurait pratiqué nos petits et moyens lycées de province. Car, pour donner un enseignement aristocratique, encore faut-il avoir une aristocratie à sa disposition ; on ne peut pas en improviser une pour les besoins de la cause. Or, ce qui caractérise nos lycées de second, de troisième et même parfois de premier ordre, c'est l'honnête médiocrité de l'ensemble, c'est l'absence d'élite. Cependant la philosophie ne laisse pas d'y être l'objet d'une faveur particulière. Il est possible qu'à Paris l'abîme soit plus sensible entre les différentes catégories d'élèves. Ils sont parfois d'espèces si différentes - candidats au simple baccalauréat, au concours, à l'École normale - que toute unité morale est impossible, et cette absence d'homogénéité s'accuse beaucoup plus en philosophie qu'en rhétorique parce qu'une inégale maturité intellectuelle se manifeste davantage dans des exercices de pensée que dans des exercices de style. Mais il ne faut pas généraliser une observation qui ne s'applique qu'à quelques cas particuliers.

Seulement, la philosophie n'est pas justifiée par cela seul qu'on l'a disculpée de ce reproche. Sans doute, nous sommes convaincu que tout bon esprit moyen peut y être initié sans peine ; mais encore faut-il que cette initiation soit de nature à lui profiter. Assurément, il n'est pas de classe plus vivante et la vie, par elle-même, est toujours quelque chose de respectable ; elle est si difficile à susciter et d'un maniement si délicat qu'il est toujours sage de n'y toucher qu'avec la plus extrême circonspection. Un enseignement qui a ce privilège de vivre par l'intérêt qu'il excite doit donc être traité avec les plus grands ménagements ; surtout, on ne doit parler de le détruire qu'après avoir essayé de tous les moyens possibles pour l'utiliser. Cependant, on ne peut perdre de vue que la maladie est, comme la santé, une des formes de la vie ; même, certains phénomènes morbides, comme la fièvre ou la manie, sont caractérisés par une surexcitation anormale de vitalité. Il ne suffit donc pas d'avoir montré qu'il y a beaucoup d'activité dans nos classes de philosophie ; il faut, de plus, être certain que cette activité n'est pas plus funeste qu'utile. Il n'est pas bon d'une manière absolue que les esprits des jeunes gens soient agités ; cette agitation n'est désirable que si elle doit servir à leur développement régulier. Or, à ce point de vue, les appréhensions les plus graves sont, croyons-nous, légitimes. Ce n'est pas que, par elle-même, la philosophie soit coupable. C'est la manière dont elle tend à être entendue qui constitue un véritable péril pédagogique. La faute, d'ailleurs, n'en est à personne en particulier ; car l'état que nous signalons tient à des causes générales et impersonnelles. Si l'on veut le comprendre, ce n'est pas à telle ou telle individualité qu'il faut s'en prendre ; c'est aux antécédents historiques d'où il résulte qu'il faut se reporter.

# I

C'est à tort qu'on a parfois attribué à Cousin l'introduction de la philosophie dans nos lycées. La vérité c'est qu'elle y fut enseignée de tout temps. Pour ne parler que de l'Université impériale, le décret fondamental de 1808 l'avait déjà inscrite parmi les matières. nécessaires de l'enseignement secondaire. On ne l'y avait admise, il est vrai, que sous le nom plus modeste de logique ; mais dès l'année suivante, un règlement organique remplaça ce mot par celui de philosophie (19 septembre 1809) et un arrêté du 10 février 1810 étendit à tous les lycées cette disposition qui n'était d'abord applicable qu'aux seuls chefs-lieux d'Académie. La Restauration alla encore plus loin. Ce fut elle qui, sous l'administration de l'évêque d'Hermopolis, institua une agrégation spéciale de philosophie (1825). Le même ministre fit dresser la liste des questions qui devaient être traitées devant les élèves et sur lesquelles devait porter l'examen du baccalauréat. Ce programme, qui date de 1823, est déjà fort étendu ; il comprend la morale, la métaphysique et la logique, qui comprenait elle-même une bonne partie de la psychologie. Si donc on s'en tient à l'organisation purement extérieure et matérielle, les innovations de Cousin se réduisirent à substituer le français au latin comme langue usuelle de la philosophie, et à donner au programme un peu scolastique qui existait avant lui un caractère plus moderne. Mais s'il n'eut pas à créer de toutes pièces cet enseignement, il en transforma complètement l'esprit, en lui assignant pour la première fois une fonction sociale et pédagogique de la plus haute importance.

jusqu'à lui, la philosophie n'avait dans notre système d'éducation qu'un rôle assez humble. On ne lui demandait guère que d'exercer les esprits à la dialectique et surtout de satisfaire discrètement, sans danger pour le dogme, les velléités rationalistes avec lesquelles la foi était bien obligée de compter. En somme, on était plus préoccupé de la rendre inoffensive qu'utile, de la surveiller que de la développer. Ce qu'on voulait avant tout, c'était empêcher qu'elle n'ébranlât les croyances communes qui faisaient l'unité morale du pays. Tout au contraire, par une véritable révolution dont on ne peut méconnaître la hardiesse, Cousin entreprit de recourir à elle pour faire ou pour refaire cette unité morale. Partant de ce fait, en quelque sorte légal, que la France comprenait des cultes différents, et peut-être aussi de cet autre, moins officiel, que la diversité des doctrines particulières dépassait encore et de beaucoup celle des cultes reconnus, Cousin conclut qu'il n'était plus possible de compter sur aucune religion établie pour assurer la perpétuité de l'esprit national. D'autre part, il était pénétré de cette idée qu'aucune société n'est possible si ses membres n'ont pas en commun certaines croyances fondamentales. Il fit donc le rêve de maintenir cette indispensable communauté de principes sans se servir d'aucune autorité religieuse et en ne s'appuyant que sur la seule raison. Puisqu'il n'y avait plus d'Église où pussent sincèrement communier tous les Français, il voulut en fonder une nouvelle qui, ne réclamant de ses fidèles que de la sincérité et quelque logique, se trouvât tout naturellement comprendre toute la partie saine de la nation et n'eût à excommunier que les esprits faux et les cœurs pervertis. Or cette Église, c'est principalement par l'enseignement de la philosophie qu'il projeta de la fonder.

Que tel ait été son but, c'est ce qu'il a déclaré lui-même à de nombreuses reprises. « Nous voulons, disait-il dans un discours prononcé à la Chambre des Pairs le 3 mai 1844, nous voulons que la philosophie de nos écoles soit profondément morale et religieuse, qu'elle fasse pénétrer dans les esprits et dans les âmes les convictions qui font l'honnête homme et le bon citoyen, les croyances générales qui servent d'appui à tous les enseignements religieux des divers cultes. La philosophie sert tous les cultes sans se mettre au service d'aucun d'eux en particulier. N'est-ce pas là une noble mission et ne serait-ce pas un danger et un malheur public que d'altérer le caractère d'un pareil enseignement ? Que *deviendrait alors l'unité nationale ?* » Déjà, quelques jours auparavant, au cours de la même discussion, il s'était exprimé dans des termes presque identiques. « L'unité de nos écoles, disait-il, exprime et confirme l'unité de la patrie. Mais s'il y a un enseignement et peut-être le plus important de tous (il s'agit de la philosophie) qui repose sur des principes exclusifs d'un culte particulier... le collège n'est plus l'image de la société commune. » Sans doute, toute l'éducation universitaire devait concourir au même but, mais l'enseignement philosophique plus que tous les autres, parce que « seul, il peut pénétrer les intelligences et surtout les âmes de ces grandes vérités naturelles... sans lesquelles il n'y a aucune religion révélée possible, ni aucune société quelle qu'elle soit ». Et voilà justement pourquoi cet enseignement lui paraissait « le plus important de tous ».

Seulement, pour s'acquitter d'une semblable mission, il fallait évidemment que la philosophie dépouillât à peu près toute ambition scientifique. C'est bien ainsi que Cousin l'entendait. « je n'hésite pas à le répéter hautement, disait-il dans un autre discours (2 mai), l'enseignement philosophique du collège est d'autant meilleur qu'il est plus dégagé des questions scientifiques... Solide et borné, méthodique et substantiel, ferme et sévère sur les principes, sobre en développements, avare de toute curiosité, tel doit être le caractère d'un bon cours de philosophie de collège. » Pour satisfaire à cette condition, le professeur de philosophie devait se contenter de dégager de toutes les religions et de toutes les doctrines les propositions qui leur sont communes, qui sont l'objet d'un consentement universel, pour en faire un système impersonnel « qu'aucun philosophe ne peut revendiquer comme sa propriété particulière, qu'il importe de déposer dès la jeunesse dans l'âme de tous les hommes et de tous les citoyens ». On voit comment cette entreprise politique et pédagogique se rattachait à la théorie éclectique et y trouvait son fondement logique. Quand, comme Cousin, on admet que toutes les doctrines philosophiques et religieuses concordent sur des points essentiels, il semble qu'il soit relativement facile de les réconcilier.

Retrouver sous la diversité des symboles religieux le fond rationnel et commun qu'ils traduisent en des langues différentes pour en confier désormais la garde à la seule raison n'était assurément pas une tentative sans grandeur. Elle apparaissait d'ailleurs comme une conséquence nécessaire du caractère laïque que la monarchie de juillet avait affecté dès le début en proclamant l'abolition de toute religion d'État, et Cousin pouvait croire et dire que son œuvre exprimait adéquatement son temps. Malheureusement, telle qu'il l'avait conçue, elle était à la fois trop simpliste et trop contradictoire pour produire des résultats durables. A supposer qu'il y ait réellement quelque chose de commun entre toutes les religions, le résidu que l'on obtient quand on a éliminé les traits particuliers qui les distinguent les unes des autres, se réduit à des généralités trop abstraites pour servir de formule à une société. Les croyances qui font vivre un peuple ne sont pas des croyances métaphysiques. Ce n'est pas avec une théorie du libre arbitre ou de la spiritualité de l'âme, avec un théisme philosophique que l'on fait marcher les hommes ensemble, que l'on obtient d'eux ces dévouements quotidiens qu'implique toute vie sociale. D'autre part, la raison cesse d'être elle-même quand elle n'est pas absolument maîtresse de ses jugements. On peut lui soumettre des solutions, non lui en imposer. Du moment que c'est sur elle seule qu'on s'appuie, il faut, si l'on veut rester d'accord avec soi-même, laisser à chaque esprit le droit de rejeter ce qu'on lui propose ou de l'entendre à sa façon. Et cependant, comme ces vérités cardinales, que la classe de philosophie devait inculquer, lui paraissaient indispensables à l'existence collective, Cousin n'entendait pas qu'on les mît en doute. Les jugeant vitales, il voulait qu'elles fussent au-dessus de toute controverse, Comme des dogmes. Mais l'idée d'un dogme rationnel est contradictoire. De là ce caractère ambigu que prit et que garda si longtemps l'enseignement philosophique dans nos établissements d'instruction. Parce qu'il était philosophique, il avait un certain air rationaliste. Il supposait, en apparence, chez ceux qui le donnaient, une entière liberté de penser et semblait destiné à faire de ceux qui le recevaient autant de libres esprits. Et cependant, il était sous-entendu que cette liberté n'était pas et ne pouvait pas être complète ; car la philosophie ne pouvait rendre les services sociaux qu'on en attendait que si l'indépendance scientifique était sévèrement limitée.

Une pareille organisation ne pouvait donc durer qu'autant qu'une main énergique en tenait unis de force les fragments disparates. Aussi ne survécut-elle pas à l'action personnelle de son fondateur. Avec la révolution de *1848*, c'est-à-dire à partir du moment où Cousin cesse de gouverner la philosophie et les philosophes, elle entre en décadence. Pendant la première partie du second empire, le fonctionnement en fut naturellement entravé et presque suspendu par cela seul que la philosophie était à peu près complètement exclue de nos lycées. Quand elle y entra vers *1863*, comme nos principaux philosophes étaient, pour la plupart, anciens disciples de Cousin, ce fut encore la formule cousinienne que l'on essaya d'appliquer. Mais la contradiction qu'elle recelait éclate alors aux yeux et commence à produire ses conséquences naturelles. Une fois éveillée, la raison finit toujours, à la longue, par développer sa nature propre et par se jouer des barrières artificielles qu'on prétend lui imposer. Le kantisme, que Cousin avait lui-même introduit en France, fut l'instrument de cette émancipation. Au contact de cette pensée vigoureuse, l'enseignement philosophique se dépouilla de sa timidité première et revendiqua ses droits à une entière indépendance. On sait comment, depuis, ses justes exigences n'ont fait que s'accroître.

Seulement, par cela même, une situation toute nouvelle se trouvait créée. Du jour où il fut admis que chaque maître pouvait librement enseigner ce qu'il croyait vrai. la philosophie ne pouvait plus servir à transmettre de génération en génération cette espèce de *credo* dont on l'avait constituée dépositaire et gardienne. Elle était donc désormais hors d'état de remplir le rôle en vue duquel on l'avait introduite dans nos établissements secondaires. Mais alors, pour qu'elle pût utilement et légitimement garder la place importante qu'elle y occupait, il était indispensable qu'on lui assignât quelque fin nouvelle ; or, c'est ce dont on ne semble pas s'être préoccupé. On ne comprit pas que, du moment, où elle n'avait plus la fin que lui avait marquée Cousin, il était nécessaire de l'ajuster à quelque autre et que ce changement ne pouvait pas aller sans une réorganisation complète de l'enseignement. Non seulement le programme ne fut pas modifié, mais la préparation à laquelle étaient soumis les futurs professeurs resta identiquement la même. Surtout on ne prit pas soin de les attacher à quelque but nouveau qui leur servît de centre de ralliement. On garda l'institution à peu près telle qu'elle était, sans s'apercevoir qu'elle ne pouvait plus avoir la même raison d'être. Tout ce qu'il y eut de changé, c'est que les solutions enseignées présentèrent une diversité qu'elles n'avaient pas précédemment. L'enseignement philosophique se trouva ainsi dépourvu de toute matière et, par suite, de tout objet positif. Il ne pouvait plus être question de s'en servir pour inculquer aux jeunes gens un certain nombre de vérités établies ou jugées telles, de connaissances déterminées, de méthodes définies, puisque tout était livré à la discussion. Il ne pouvait donc développer chez eux que des qualités toutes formelles, à savoir l'art de former des concepts abstraits, de les manier, de les combiner, d'argumenter, etc.

Les seuls services pédagogiques qu'il pouvait rendre désormais se réduisaient à assouplir les intelligences par une gymnastique dont l'étude des grandes doctrines et des grands problèmes n'était que le prétexte ou le thème occasionnel. Or c'est de là qu'est venu tout le mal.

En effet, une semblable gymnastique ne peut, sans danger, devenir la fin principale d'un enseignement. Qu'il s'agisse de littérature ou de philosophie, il y a une véritable hérésie pédagogique à faire de la matière intellectuelle un simple procédé de dressage pour les intelligences. Car, comme c'est elle qui est appelée à devenir la substance même de l'esprit, c'est elle aussi qui est la chose essentielle ; le développement intellectuel varie donc avant tout suivant ce qu'elle vaut par elle-même et non pas seulement selon la manière dont nous savons nous en servir. Si ce principe est vrai de l'enseignement littéraire, à plus forte raison s'applique-t-il à un enseignement philosophique, puisque, ici surtout, c'est le fond qui importe. Les idées ne peuvent pas être employées indépendamment de leur valeur intrinsèque, comme un simple objet d'exercices scolaires. Surtout, ce n'est pas impunément que l'on habitue de jeunes esprits à les traiter ainsi ; car c'est les rendre indifférents à tout ce qui est vérité objective, pour les attacher plus ou moins exclusivement à l'art des constructions et des destructions dialectiques. Du moment que l'action du maître ne peut plus s'exercer sur la nature interne des idées, elle ne peut plus viser que la façon dont elles sont extérieurement agencées. Les élèves ne peuvent donc manquer d'être excités à rechercher par-dessus tout, non pas l'exactitude dans l'analyse et la rigueur dans la preuve, c'est-à-dire les qualités qui font le savant et le philosophe, mais je ne sais quel talent littéraire, d'un genre particulièrement bâtard, qui consiste à combiner les idées comme l'artiste combine les images et les formes, pour charmer le goût et non pour satisfaire la raison, pour éveiller des impressions esthétiques et non pour exprimer des choses. Assurément, nous ne songeons pas à dire que jamais ce résultat ait été intentionnellement voulu par les inspirateurs de notre enseignement ; mais, comme il était dans la logique de la situation, il ne pouvait pas ne pas se produite. C'est ce qui est arrivé.

Déjà, alors que, il y a seize ans environ, nous étions nous-même élève de philosophie dans un lycée parisien, cette tendance commençait à s'accuser assez nettement pour inquiéter les meilleurs esprits. Dès ce moment commençait à régner dans les classes une excitation maladive à la recherche de la distinction et de l'originalité. Le rare, le nouveau *quand même* faisaient déjà prime. Penser comme le voisin était la chose que l'on évitait avec le plus de soin. Quiconque avait un peu d'ambition scolaire entendait se faire son système personnel ; et cela non sans quelque raison, car c'était un moyen de réussir. Le courant, en effet, était devenu assez fort pour s'imposer même aux maîtres ; il n'y a pour s'en convaincre qu'à se reporter aux copies couronnées du concours général. Il en est une notamment, celle qui a obtenu le prix d'honneur en 1879, que nous recommandons comme un exemple significatif des mœurs qui étaient en train de s'établir. Mais c'est depuis surtout qu'elles se sont développées et consolidées.

Le meilleur moyen de les étudier est encore de les observer chez les jeunes philosophes qui se destinent à l'enseignement. A ce point de vue, il est très instructif de suivre, même comme simple auditeur, les épreuves de l'agrégation. On y voit, en effet, le mouvement que nous signalons prendre d'année en année une intensité plus accusée.

Il s'y manifeste notamment par un véritable éloignement des candidats pour tout ce qui est données positives et connaissances définies. Le savoir semble leur faire l'effet d'un bagage inutile et même encombrant. Aussi, bien loin qu'ils prennent soin de s'en munir, on les voit, à l'occasion, mettre une sorte de coquetterie à s'en alléger. Toutes les fois qu'une question leur est posée qui, normalement, ne peut être traitée qu'à l'aide de documents, qui suppose avant tout un certain acquis scientifique, ils sont presque unanimes à la tourner par un côté qui leur permette de manifester ce talent tant recherché en se passant de toute documentation. Il y a quelques années, le sujet de la composition écrite était le suivant : *Du rôle de l'imagination dans la perception extérieure.* Pour tout bon esprit, c'était et ce ne pouvait être qu'un problème de psychologie ; il semblait qu'il n'y eût pas d'autre moyen de le traiter que d'exposer et de discuter avec le plus de méthode et de critique possibles les nombreux et importants travaux des psychologues sur le rôle des images dans la perception normale et pathologique. Or, nous ne croyons trahir aucun secret professionnel en disant que, parmi les candidats en vue, il n'en est pas qui ait consenti à prendre les choses avec cette modestie. Tous a peu près, avec la plus tranquille aisance, substituèrent à cette question quelque problème métaphysique plus ou moins défini et se rattachant de plus ou moins loin à la lettre du sujet imposé.

Il est vrai que cette superbe pouvait bien être due en partie à une trop complète ignorance. Mais, d'abord, il est déjà très remarquable qu'une telle ignorance soit aussi générale ; on peut croire qu'il n'en serait pas ainsi si un peu de science passait pour être nécessaire au succès. De plus, n'est-ce pas un fait très significatif et très inquiétant que tous ces esprits distingués aient été aussi peu gênés par une absence d'informations qui, régulièrement, eût dû les réduire au silence ? Que faut-il penser d'une culture qui développe chez les meilleurs de ceux qui la reçoivent une si regrettable dextérité à traiter les questions dont on ne possède pas les éléments fondamentaux ? Enfin, aux épreuves orales, les candidats ont devant eux vingt-quatre heures de libre préparation, par conséquent tous les moyens de combler, dans une large mesure, les lacunes de leur savoir. Or la même méthode y est d'un emploi courant. L'un d'eux, par exemple, ayant à étudier l'instinct, commence par déclarer très posément qu'il laissera complètement de côté tout ce que les sciences naturelles en ont dit. On juge ce que peut être une théorie de l'instinct construite dans ces conditions. Alors même que les connaissances nécessaires sont assez restreintes pour pouvoir être facilement acquises dans les vingt-quatre heures, le candidat, très souvent, les dédaigne et passe outre. C'est ainsi qu'on a pu voir des sujets très simples de psychologie ou de logique, comme *Tendances égoïstes et tendances désintéressées, L'expérimentation en psychologie, La définition, L'hypothèse,* transformés en un tour de main par de trop habiles prestidigitateurs en je ne sais quelles méditations de métaphysique transcendante, sans rapports avec les questions posées, où, le plus souvent, pas un fait n'était cité, tellement générales d'ailleurs qu'elles pouvaient également servir à toutes sortes d'emplois.

Il est aisé de comprendre comment ces pratiques résultent de la situation que nous avons exposée. Étant donné que le talent, ou ce qu'on appelle ainsi, passe pour être la qualité philosophique par excellence, n'est-il pas inévitable que les candidats cherchent de préférence tout ce qui permet à leur virtuosité de se produire plus à l'aise et fuient, au contraire, ce qui ne lui ménage qu'une carrière trop restreinte ? Or, à ce point de vue, le sujet le plus désirable est celui qui est le plus complètement vide de toute matière, parce qu'il n'en est pas OÙ il faille faire preuve de plus de ressources. De même que, au XVIIe siècle, on trouvait qu'un poète avait d'autant plus de mérite que son sujet était plus complètement inventé de toutes pièces et, par conséquent, plus artificiel, on semble croire aujourd'hui qu'on se révélera d'autant meilleur philosophe qu'on montrera plus d'aptitude à tout tirer de sa propre substance et à créer quelque chose de rien. Dans ces conditions, la science ne peut être regardée que comme un inutile *impedimentum*.

Mais on se méprendrait singulièrement sur notre pensée si l'on croyait que nous entendons identifier cette philosophie verbale et formelle avec la métaphysique et incriminer, d'une manière générale, le goût des hautes spéculations. Celles-ci ne sont pas en cause. Il est vrai que ces constructions artificielles et creuses prennent volontiers une couleur métaphysique parce qu'elles visent ou prétendent viser, elles aussi, aux suprêmes généralités. Mais la métaphysique sérieuse et saine est la première intéressée à ne pas se laisser confondre avec ce qui n'est qu'une image dénaturée d'elle-même. Ce n'est donc pas elle qui doit être rendue responsable de ce qui se passe. Même, ce dont nous nous plaignons, ce n'est pas qu'on en fasse trop, c'est qu'on en fasse de la mauvaise. La tendance que nous signalons est si bien indépendante de toute considération doctrinale qu'on la retrouve dans les écoles les plus opposées. On improvise tout aussi bien un système pour défendre le positivisme que pour l'attaquer. La méthode s'applique aux thèmes les plus différents.

Si encore cet agencement extérieur des idées avait par lui-même quelque valeur logique ! Mais on conçoit que les questions philosophiques ne pourraient pas subir des métamorphoses comme celles dont nous avons plus haut rapporté des exemples si les notions fondamentales avaient dans les esprits une suffisante précision. Et en effet, tous ceux qui ont assisté aux récents concours d'agrégation et dont nous avons recueilli le témoignage, conforme à notre expérience personnelle, ont été frappés du goût croissant de nos jeunes philosophes à parler une langue, brillante peut-être, mais qui n'a plus rien de défini. Non seulement les termes les plus essentiels n'ont plus d'acception déterminée, sauf celle qu'on leur impose au moment où on les emploie, mais encore on ne prend pas soin de déterminer cette dernière. On procède comme s'ils avaient un sens connu de tout le monde, qu'il est, par suite, inutile de fixer et, en réalité, on leur donne, selon les circonstances, celui qu'on veut. En traitant, par exemple, un sujet comme celui dont nous parlions tout à l'heure, *Du rôle de l'imagination dans la perception extérieure,* on négligera de dire ce que l'on entend par sensation, par perception, par imagination, quoique ces mots, par la force des choses, reviennent sans cesse dans la suite du raisonnement. On est ainsi bien à l'aise pour leur donner la signification la plus appropriée aux besoins de la cause. Or une telle indétermination dans la langue ne va pas sans une indétermination correspondante dans les idées. Aussi les voit-on s'appeler, se repousser, s'unir, se séparer, se transformer les unes dans les autres de la manière parfois la plus surprenante. C'est qu'elles ont trop peu de consistance pour ne pas se prêter docilement à toutes les combinaisons.

Nous pourrions citer certaines phrases, recueillies de la bouche de brillants candidats, et qui tendraient vraiment à faire croire que la philosophie est en train de devenir une des formes du symbolisme et de l'impressionnisme.

Enfin, le mysticisme est venu renforcer cet état d'esprit qui lui préparait si merveilleusement les voies. Quand, en fait, on se passe si facilement de la science, on est naturellement séduit par toute théorie qui en conteste la valeur ; la meilleure manière de légitimer une ignorance systématique est de l'ériger en système. Et en effet, il nous revient de plusieurs côtés que le néo-mysticisme recrute dans les rangs de nos étudiants une clientèle qui n'est déjà pas sans importance. Certainement, la science n'y est guère en honneur. Quand on ne la nie pas radicalement, on entend du moins ne lui laisser que la portion congrue. Or le mysticisme, c'est le règne du bon plaisir dans l'ordre mental. Si la réalité n'est pas logique, il n'est plus nécessaire pour la pensée de se conformer aux lois de la logique. Pour exprimer des choses que l'entendement ne peut saisir, un langage ineffable est tout à fait de mise. La porte est librement ouverte à toutes les fantaisies.

Nous n'avons pas besoin d'insister sur les dangers d'une telle situation. Sans doute, nous sommes convaincu que ces dispositions ne sont pas universelles et que beaucoup y font exception. Il n'est pas moins certain qu'elles ne sont déjà que trop répandues ; et ce qui est particulièrement inquiétant, c'est qu'elles s'observent de préférence chez ceux qui semblent appelés à devenir l'élite de nos professeurs de lycée. Les médiocres sont moins atteints. Dira-t-on qu'il ne faut pas juger de l'enseignement des classes d'après ce qu'on voit à l'agrégation ; que le contact des élèves, la pratique de la vie, les conseils des supérieurs assagissent peu à peu ces pensées tumultueuses ? Mais d'abord, nous avons quelque mal à comprendre comment le candidat de la veille peut ainsi se transformer du jour au lendemain ; comment l'entraînement forcé auquel il s'est soumis pendant plusieurs années en vue du concours peut cesser tout à coup de produire ses effets. Une telle discipline marque trop profondément les esprits pour qu'on puisse s'en affranchir aussi aisément une fois qu'on s'y est plié. De plus, quand bien même ils parviendraient à en secouer le joug, comment seraient-ils en état de donner un enseignement vraiment fécond, puisque rien ne les y a préparés ? N'ayant rien appris, que peuvent-ils avoir à apprendre aux élèves, à moins qu'on ne suppose qu'une fois débarrassés des soucis de l'examen, ils n'entreprennent courageusement de refaire leur éducation, ce qui est vraiment trop attendre de la nature humaine ? En fait, au cours de la récente enquête, tout le monde a été unanime pour dénoncer la tendance toujours plus grande de la métaphysique à sortir de ses limites naturelles et à envahir toutes les parties du cours. Sur ce point, amis [1] et ennemis de la philosophie sont tombés d'accord. Or, pour les raisons que nous avons dites, nous craignons fort que cette intempérance métaphysique en soit trop souvent le symptôme d'un enseignement plus brillant que solide. La lecture de certaines copies couronnées au concours général ne peut que confirmer cette appréhension. Déjà nous en avons cité une de date relativement ancienne. Qu'on lise également celle qui a obtenu le prix d'honneur en 1890. On y trouve des propositions comme les suivantes : « Nous ne pouvons de ces choses (il s'agit des faits psychologiques et sociaux) nous former des idées claires. Voici donc où nous cherchons notre certitude : dans *un principe d'explication qui nous convienne de ces phénomènes...* L'historien le Plus vrai sera (donc) celui qui interprétera les faits dans le sens de sa conception de la moralité. De même que le plus grand sociologue sera celui qui, s'apercevant de l'illusion qu'il y aurait à donner une interprétation exactement scientifique des faits, abandonnerait cette direction scientifique du désir de comprendre, celui qui voudrait faire servir sa science à soutenir ses besoins d'action. » Et l'auteur d'une manière

---

[1]   Voir ce que dit sur ce point M. Janet (Pour ou *contre l'enseignement philosophique, p. 54).*

générale conclut en disant que le critère qui seul « donne le fondement objectif d'un système d'idées » consiste « dans l'appropriation de ce système à la conception de la moralité. Un système semble-t-il harmonique ? Il peut être vrai. A-t-il des conséquences de haute moralité ? Il est vrai. » Est-ce là ce qu'on appelle philosopher ? Est-ce là l'idée qu'on se fait dans nos classes de la science, de la vérité objective et impersonnelle ? Et cependant, nous ne pouvons comprendre comment cette copie aurait pu s'imposer pour le prix, si l'état d'esprit qu'elle révèle était exceptionnel, s'il n'était, au contraire, très fréquent au moins parmi les candidats au premier rang.

En résumé, Cousin avait donné une âme à l'enseignement philosophique, ou plutôt il avait lui-même été cette âme. Il avait su concentrer toute l'activité de son personnel sur un même but, qui, s'il était contradictoire, n'était pas, sans utilité sociale et avait surtout cet avantage de prévenir la dispersion des efforts. Cousin disparu, le faisceau s'est dénoué et désagrégé. Chacun tendit de plus en plus à s'orienter dans son sens propre. La philosophie produisit ainsi des résultats contraires à ceux qu'on attendait d'elle à l'origine. Au lieu d'unir, elle divisa ; au lieu de rallier les esprits autour de quelques propositions fondamentales, elle multiplia entre eux les divergences ; perdant de vue toute fin collective, elle prêcha l'individualisme et devint de plus en plus une chose d'art. De là un dilettantisme anarchique qui commence seulement à se développer, mais dont on ne saurait s'alarmer trop vivement.

# II

Est-ce à dire qu'il faille la bannir de nos lycées ? Nullement, L'espèce de crise qu'elle traverse vient de ce qu'elle se trouve pour le moment sans fonction positive ; mais il n'est pas du tout prouvé qu'elle soit incapable d'en remplir. Sans doute, il ne saurait être question de revenir à la conception de Cousin ; nous avons vu tout ce qu'elle avait de précaire. Mais une même institution peut, dans des temps différents, servir à des fins différentes. De ce que, à une époque donnée, elle se trouve avoir perdu la raison qu'elle avait d'être jusque-là, il ne suit pas qu'elle soit désormais et pour toujours dépourvue de toute raison d'être. Car elle peut s'en faire une nouvelle, en rapport avec les changements qui se sont produits autour d'elle. Nous croyons que c'est le cas pour l'enseignement philosophique.

Tout d'abord il y a une fonction éminemment sociale qu'il est seul en état de remplir.

Pendant longtemps, on a pu croire, qu'il n'était besoin d'aucun enseignement scientifique pour préparer les jeunes générations à la vie collective. Celle-ci, en effet, était faite de croyances et de pratiques constituées qui fonctionnaient automatiquement, comme des instincts, dans les ténèbres de l'inconscient. Il n'y avait donc qu'à les enraciner fortement chez les enfants par l'habitude, et il n'y avait pas à se préoccuper d'exigences rationalistes qui n'étaient pas nées. Mais, Peu à peu, l'organisation sociale est sortie de cette obscurité où elle végétait silencieusement ; les sommets, d'abord, en ont émergé à la lumière de la conscience et le reste a suivi. C'est ainsi que la réflexion a été amenée a pénétrer dans ces régions ou, jusqu'alors, rien ne l'appelait. Elle demanda à ces usages, à ces traditions, qu'elle avait pendant longtemps acceptés passivement, quelles raisons ils avaient d'être, et c'est justement pour répondre à ces questions que la philosophie fut introduite dans l'enseignement secondaire. Aussi y occupe-t-elle d'autant plus de place que les peuples sont plus rationalistes.

C'est parce que, de son temps, ces aspirations étaient déjà devenues très vives, que Cousin a agrandi le champ d'action de la philosophie ; c'est ce qu'il y avait de juste et d'élevé dans son entreprise, et inversement, ce qui en faisait le défaut constitutionnel, c'est qu'elle n'apportait à ces mêmes besoins qu'une, satisfaction incomplète et trompeuse. Mais c'est surtout de nos jours qu'ils ont crû en intensité et en étendue. Non seulement la raison s'est interrogée sur ce qui constitue les assises mêmes de la société, non seulement elle est devenue plus difficile sur les réponses qui lui étaient faites, mais le sentiment que les arrangements sociaux réclamaient de profondes réformes est allé en se généralisant sans qu'on vît au juste en quoi ces réformes devaient consister. La nécessité de changements est vivement ressentie ; la nature de ces changements n'est que vaguement entrevue. Les conditions de notre existence collective se sont transformées avec une telle vitesse que nous n'avons pas pu les suivre dans leur évolution et nous y adapter progressivement à mesure qu'elles se modifiaient. L'intelligence a été ainsi prise à l'improviste par la marche des choses ; elle n'a été saisie des problèmes que quand ils étaient déjà devenus menaçants. De là cet état de malaise et d'angoisse qui caractérise notre époque. Cependant, il est clair que les nécessités mêmes de la vie ne permettent pas à cette irrésolution douloureuse de se prolonger indéfiniment.

Posées aujourd'hui, ces questions devront être résolues demain. Est-il admissible que la société ne fasse rien pour préparer à cette tâche, dont dépend son avenir, ceux de ses enfants qui auront à la remplir ? Les laissera-t-on s'instruire sur ces sujets, une fois leur éducation terminée, suivant les hasards de leurs lectures et de leurs conversations, ou bien, au contraire, ne nous appartient-il pas de les mettre par avance à la hauteur de leurs devoirs en éclairant dès maintenant leur réflexion ? Et comment l'éclairer si ce n'est par la science ? Un enseignement scientifique s'impose donc dans ce but.

Assurément, on ne saurait songer à faire directement traiter dans nos classes ces questions qui nous divisent. Ce serait revenir à l'erreur de Cousin. Ou bien on imposerait aux maîtres et, par suite, aux élèves une solution déterminée, une doctrine d'État, et alors l'enseignement cesserait d'être libre, partant, scientifique ; ou bien on laisserait chacun se faire et professer sa doctrine, et alors ce serait l'anarchie, et une anarchie beaucoup plus dangereuse que celle qui règne aujourd'hui, car elle ne serait pas purement spéculative. Mais ce qu'on peut et ce qu'on doit faire, c'est munir les jeunes gens de toutes les connaissances nécessaires pour qu'ils soient un jour en état d'examiner ces doctrines avec intelligence et de se faire à eux-mêmes une opinion éclairée, au lieu d'adopter à l'aveugle l'une ou l'autre des formules que préconisent les partis. jusqu'à présent, ce sont les passions qui ont dominé le débat, passions simplistes, exclusives et qui se nient violemment les unes les autres. De là ces tiraillements, ces luttes au cours desquelles les adversaires en présence semblent n'avoir d'autre objectif que de se détruire mutuellement. Ce ne serait donc pas un médiocre résultat que de préparer la jeunesse à aborder ces questions d'un point de vue nouveau, avec sang-froid et réflexion, en se rendant compte à la fois de leur urgence et de leur complexité. C'est à cette condition seulement qu'il nous sera possible d'échapper aux ornières qui nous sollicitent en sens contraires, où nous nous engageons alternativement sans beaucoup avancer, et de nous frayer enfin une voie nouvelle, largement ouverte à toutes les bonnes volontés. Or ce qu'il faut pour cela, ce n'est pas prêcher ou faire prêcher un système, c'est habituer les générations qui nous suivent à voir dans les choses humaines et sociales des objets de science, c'est-à-dire des choses naturelles, qui n'ont rien de mystérieux ni de sacro-saint, sur lesquelles l'action de l'homme a toujours le droit de s'exercer, mais qui, en même temps et pour la même raison, ayant une nature définie et des propriétés détermi-nées, ne peuvent pas se transformer au gré de nos désirs. D'autre part, le seul moyen de leur donner ce sentiment est évidemment de leur communiquer de cette science tout ce qui nous est possible. Sans doute, la nécessité d'une telle préparation ne sera pas admise de ceux qui croient qu'en pareille matière la passion est la meilleure des inspiratrices. Mais ces doctrinaires du sentiment sont des mystiques avec lesquels toute discussion est aussi impossible qu'inutile.

La connaissance qui, a ce point de vue, doit précéder toutes les autres, est naturellement celle de l'homme ; c'est pourquoi un enseignement psychologique, solide et substantiel, nous paraît devoir former la pierre angulaire du cours de philosophie. Il est vrai que, dès maintenant, la psychologie figure au programme de cette classe ; elle paraît même y être au premier plan. Mais, en réalité, ce sont des problèmes métaphysiques qui tiennent une bonne partie de la place qui lui est nominalement réservée. Ce qui prend le plus de temps, ce qui fournit le plus de matière aux discussions et aux exercices scolaires, c'est la théorie de la connaissance, ce sont les controverses sur l'origine *a priori* ou *a posteriori* des idées et sur le libre arbitre. Or elles ne sauraient guère apporter de lumière sur ce qui fait la nature concrète de l'homme, sur les ressorts de sa conduite, sur les sources de son action. En revanche, tout ce qui concerne l'instinct, l'habitude, l'hérédité, la volonté, le caractère, la personnalité, les tendances, les émotions, le langage, le détail du mécanisme intellectuel, etc., est singulièrement négligé. Quelques-uns de ces sujets ne sont même pas nominativement portés au programme. D'ailleurs, comme ces questions de fait lui offrent une bien moindre prise à l'art dialectique, elles intéressent moins et sont, par suite, délaissées. Ce sont elles pourtant qui importent par-dessus toutes les autres, si ce que l'on veut, c'est donner aux élèves une notion, aussi complète et aussi définie que possible, de ce qui fait la personne humaine dans ce qu'elle a de vivant et d'agissant. Non seulement elles devraient être étudiées avec tout le soin que réclame leur importance, mais encore, en les traitant, il conviendrait de ne jamais perdre de vue le but où l'on tend. Il faudrait avoir toujours présent à l'esprit qu'il s'agit avant tout d'instruire les élèves en vue du rôle social qui les attend. Par conséquent, dans l'homme, c'est l'homme social qui devrait surtout être mis en relief. Ce qu'il faudrait montrer avec le plus d'insistance, c'est ce qui, dans sa constitution, sert, pour ainsi parler, de points d'attache à la société ; c'est-à-dire par où et comment elle le Pénètre, par où et comment il tend de lui-même à se répandre en elle. En d'autres termes, la psychologie devrait être enseignée au lycée, non comme une science qui a sa fin en elle-même, mais plutôt comme un moyen de préparer les voies à une culture vraiment sociale.

C'est dire qu'elle ne saurait constituer qu'une sorte de propédeutique qui a besoin d'être complétée. Car une culture sociale ne peut être obtenue que par un enseignement qui porte directement sur des choses proprement sociales. Pour que la classe de philosophie pût remplir son rôle, il faudrait donc qu'on s'attachât à donner aux élèves des notions expresses de ce que sont la société et la vie collective. Il est vrai que, sur ce point encore, la lettre du programme semble nous donner une satisfaction au moins partielle. Il comprend, en effet, la morale tant théorique que pratique, et la morale est évidemment une chose sociale et de première importance. Malheureusement, dans la réalité, la morale pratique est, en général, très sommairement étudiée. On n'y voit qu'une sorte de catéchisme rationaliste, dépourvu d'intérêt philosophique. Du reste, la manière dont elle est traitée ne lui permet guère d'avoir d'action sur les esprits, et encore moins sur les caractères. Ce n'est pas en déduisant *in abstracto* de l'impératif catégorique ou d'une maxime quelconque de la moralité les raisons que l'homme a d'aimer ses parents et sa patrie, de ne pas tuer et de ne pas voler, qu'on éclairera beaucoup les intelligences sur les problèmes sociaux de l'heure présente. A ce même point de vue, la morale théorique est encore plus inefficace. Ce n'est pas en discutant sur la question de savoir si la loi morale est a priori ou non qu'on fera des citoyens informés de leurs devoirs et prêts à s'en acquitter avec discernement. Même cet enseignement théorique n'est pas sans inconvénients. S'il n'est pas libre, il est sans dignité comme sans valeur scientifique ; mais s'il est libre, chaque maître peut professer la doctrine qui lui plaît. Or, parmi ces théories, il en est qu'anime un sentiment insuffisant du devoir et qui, par conséquent, ne peuvent pas être, sans danger, enseignées à de tout jeunes gens.

Nous pensons cependant que la morale devrait constituer l'objet par excellence de cet enseignement social que nous voudrions voir donner dans nos classes de philosophie ; car il n'est pas de faits qui soient plus éminemment sociaux et, de plus, nous croyons que les questions, appelées sociales, sont en grande partie des questions morales. Seulement, il faudrait l'enseigner d'après une autre méthode. Qu'on écarte résolument ces discussions formelles et logiques, pour se mettre et pour mettre les jeunes gens en face des choses morales elles-mêmes. Au lieu de disserter sur le principe abstrait du droit et du devoir, qu'on montre le détail des devoirs et des droits, et la manière dont ils se sont constitués au cours de l'histoire. Qu'on fasse voir comment la famille, la propriété, la société se sont lentement transformées pour devenir ce qu'elles sont aujourd'hui. Au lieu de parler de la justice en soi et de la charité en soi, qu'on expose les obligations diverses qui sont réunies sous ces rubriques générales, respect de la vie, de la personne, de la propriété, de l'honneur d'autrui, des contrats, charité privée, publique, etc., comment ces devoirs ont été différemment conçus aux différents moments de l'évolution et comment nous en sommes arrivés à notre conception actuelle. Qu'on procède de même pour le crime, la peine, la responsabilité, etc. N'y a-t-il pas là matière à un enseignement autrement vivant et utile que les théories ordinaires de l'éthique abstraite ? Quoi de plus attachant, en effet, que de voir comment l'humanité s'est laborieusement formé ses croyances et ses pratiques fondamentales et comment se rendre compte de la nature de ces pratiques et de ces croyances, si ce n'est en voyant comment elles se sont élaborées ? J'entends bien que, pour pouvoir donner à ces questions des solutions impeccables et définitives, il faudrait que la sociologie fût autrement avancée qu'elle ne l'est. Mais pour que cet enseignement produise l'effet utile qui serait sa raison d'être, il n'est pas nécessaire qu'il se présente sous la forme d'une science achevée, comme un système de lois définies et rigoureusement établies ; il suffirait de mettre sous les yeux des élèves, dans un cadre convenable, un certain nombre de faits sociaux, assez variés et assez instructifs pour pouvoir donner une juste notion de ce que sont les choses sociales, et, plus particulièrement, les choses morales.

Voilà donc une première fonction, et des plus utiles, dont seul peut s'acquitter un enseignement philosophique, Mais ce n'est pas la seule.

Les éléments des sciences sont enseignés dans nos lycées et nos collèges ; mais c'est un fait connu de tout le monde que ceux qui les professent ne s'attachent guère, en général, à faire réfléchir leurs élèves sur la nature des méthodes et des notions fondamentales qu'ils emploient.

Ils déroulent la suite des propositions qu'ils sont chargés d'expliquer, mais sans appeler l'attention sur le mécanisme de ces explications. Quand nous étions professeur de lycée, il nous est arrivé bien souvent de demander aux élèves des classes de mathématiques quelle idée ils se faisaient du nombre, de la grandeur, de la quantité, du raisonnement des limites, etc., et de constater, par l'absence de toute réponse, qu'ils ne s'étaient jamais et qu'on ne leur avait jamais posé ces questions. Ils maniaient donc tous les jours ces idées et ces manières de raisonner, machinalement et sans en comprendre le sens et la portée. Cependant, les sciences ne sont pas enseignées dans les établissements secondaires à cause des services pratiques qu'elles peuvent rendre, mais parce qu'elles doivent contribuer à former l'esprit. Or quel meilleur instrument d'éducation intellectuelle que ces méthodes qui sont comme de l'intelligence humaine cristallisée et fortement concentrée ? L'objet de la culture scientifique est non d'entasser dans les mémoires un certain nombre de connaissances, mais de fixer dans l'entendement des notions qui puissent servir ensuite de règles à la pensée. Or les plus importantes de ces notions ne sont-elles pas celles qui se rapportent aux procédés essentiels par lesquels la science s'est constituée et développée ? On n'utilise donc pas ce qu'elle a de valeur éducative quand on ne la présente que par son aspect extérieur, sans faire toucher du doigt ce qui en est l'âme et ce qui en fait l'unité. Puisque cette tâche est délaissée par les professeurs spéciaux - et non sans raison peut-être, car elle suppose des dispositions et une préparation spéciales - c'est au professeur de philosophie qu'elle revient nécessairement.

Seulement, pour qu'il la remplisse utilement, il faut qu'il la comprenne autrement qu'il ne fait aujourd'hui. Actuellement, en effet, il y a bien dans toutes nos classes ou il doit y avoir un cours de méthodologie. Mais ce qu'on y étudie principalement et en premier lieu, ce sont les opérations les plus générales de l'entendement, abstraction faite des formes particulières qu'elles revêtent dans les différentes sciences. Ce qui concerne les méthodes scientifiques n'est traité qu'ensuite et comme une simple application des principes qui ont été antérieurement posés. On ne les observe donc pas, à parler exactement, mais on ne s'en occupe que pour prescrire ce qu'elles doivent être. Ce n'est pas ainsi qu'on peut donner le sentiment de ce qu'elles sont, d'autant plus que ces sortes de législations qu'institue le logicien ont toujours un caractère d'extrême généralité, comme les principes sur lesquels elles reposent. C'est l'ordre inverse qui devrait être suivi. Il faudrait partir des procédés réellement employés par les sciences, tels qu'elles les emploient, les décrire, les analyser, expliquer comment ils se sont formés, comment ils sont en rapport avec l'objet de chaque science, et c'est seulement ensuite qu'on pourrait, s'il y a lieu, remonter de proche en proche jusqu'à ces procédés plus généraux dont les premiers ne sont que la diversification. Autrement dit, la même réforme s'impose ici qu'en morale. De même qu'on ne peut donner aux élèves une idée exacte de la réalité morale qu'en les mettant directement en contact avec le détail des faits moraux, on ne peut leur communiquer une idée exacte de la science et de ses méthodes qu'en leur offrant le spectacle raisonné de ce qu'elles sont réellement, en leur faisant voir, d'une manière concrète, comment elles se sont développées dans le passé, comment elles vivent et fonctionnent dans le présent. C'est à cette condition surtout qu'ils cesseront de séparer radicalement dans leur esprit, comme ils le font généralement aujourd'hui, ce que leur professeur de philosophie leur dit de ces questions et ce que leur enseignent leurs professeurs de sciences, alors que ces deux sortes d'enseignement devraient s'éclairer et se fortifier mutuellement.

# III

Il s'en faut donc que la philosophie ne doive plus désormais avoir de place dans les lycées, par cela seul qu'elle ne peut ni ne doit plus rendre les services qu'on lui demandait autrefois. Les fonctions que nous venons de lui assigner sont manifestement de son ressort et il n'en est pas de plus essentielles. Cependant, pour qu'elle puisse les remplir, quelques réformes pratiques sont indispensables.

D'abord, pour que l'enseignement de la philosophie, de la morale, et de la méthodologie puisse se développer de la manière que nous avons indiquée, il faut qu'il leur soit fait de la place. Pour cela, il n'y aurait qu'à sacrifier toutes les matières qui ne servent pas aux fins que nous venons de marquer. Si, à mesure qu'on avance, les programmes s'encombrent de questions nouvelles qui viennent s'ajouter aux anciennes au grand détriment des études, c'est qu'on n'a pas résolument fixé le but que doit se proposer cette classe. Au contraire, une fois qu'il est posé et qu'on sait ce qu'on veut, une sélection s'impose qui n'est pas difficile à effectuer. Les problèmes de métaphysique transcendante, nous dirions volontiers les problèmes substantialistes, c'est-à-dire tous ceux qui visent au-delà de l'expérience, pourraient être écartés sans inconvénient. Car ils sont sans intérêt pour l'éducation sociale des élèves et, d'un autre côté, ils ne peuvent jeter aucune lumière sur la nature de la science et de ses méthodes puisqu'elle ne connaît que des phénomènes. Et qu'on ne dise pas que, du même coup, nous bannissons des écoles la pure philosophie. La méthodologie, comprise comme nous avons dit, offre à elle seule une riche matière à la spéculation proprement philosophique. N'est-ce pas philosopher que de réfléchir à ce que c'est que le genre, l'espèce, la loi, l'organe et la fonction, la classification, le raisonnement mathématique, etc., et pourquoi des questions comme celles de la réalité du monde extérieur, de la spiritualité de l'âme et de son immortalité, de l'existence de Dieu et de ses attributs, de la liberté et du déterminisme auraient-elles le privilège d'exercer seules aux vues d'ensemble et aux idées générales ? Pour la même raison, nous renoncerions sans peine à l'histoire de la philosophie. Sans doute, la succession des doctrines philosophiques n'est pas une quantité négligeable dans l'histoire de l'humanité. Mais rien de ce qui concerne l'homme et son passé n'est dépourvu d'intérêt pédagogique, et cependant tout ne peut être enseigné. Il faut faire un choix. Les religions n'ont pas joué un moindre rôle dans le développement historique, et pourtant il n'est pas question d'en enseigner l'histoire dans les lycées. Au reste, le sacrifice est d'autant moins pénible qu'il est déjà consommé. L'histoire de la philosophie n'occupe dès à présent dans notre enseignement secondaire qu'une place très réduite et qui diminue tous les jours. Il est beaucoup d'établissements où elle n'est pas expressément professée.

Il s'en faut, toutefois, que nous entendions présenter une refonte des programmes comme la première et la plus urgente des réformes à réaliser. Nous savons trop bien que ce n'est pas avec un arrêté ministériel que l'on peut changer un enseignement qui a son histoire et ses traditions. Ces transformations ne sont possibles que si elles ont été d'abord acceptées par les mœurs. Dès maintenant, le professeur qui sait ce qu'il veut et qui le veut peut s'accommoder du programme tel qu'il est et le faire servir à son but, glissant sur les questions qui n'y concourent pas, insistant sur les autres. Les indications qui précèdent ont donc surtout pour objet de préciser les idées, de montrer comment il conviendrait de se servir du règlement actuel, et c'est seulement dans l'avenir, quand elles auraient commencé a passer dans la pratique, qu'il y aurait intérêt a les consacrer réglementairement.

Mais ce n'est pas assez que cet enseignement dispose de tout l'espace dont il a besoin ; encore faut-il qu'il y ait un corps de maîtres préparés à le donner avec compétence. Cette condition est-elle impossible à réaliser ?

En somme, ce qui importe avant tout, c'est d'avoir des professeurs qui sachent ce qu'est la science, qui soient au courant de ses procédés et de ses méthodes, non pas d'une manière générale et vague, mais par une pratique aussi directe que possible. Que cette préparation soit indispensable pour que la méthodologie soit enseignée avec fruit, c'est ce qui est évident de soi-même. Mais elle n'est pas moins nécessaire à l'autre fonction de la philosophie. En effet, cet enseignement social ou moral, de quelque nom qu'on veuille l'appeler, doit avoir surtout pour objet de faire contracter aux intelligences, en face des choses collectives, un certaine attitude, faite de réserve et de circonspection, en même temps qu'exempte de tout préjugé, que peut seule donner une forte culture scientifique. Le maître n'abordera les faits sociaux dans cet esprit et ne le communiquera à ses élèves que s'il a déjà pris l'habitude de considérer la réalité de ce point de vue ; et cette habitude, il ne peut la prendre qu'a l'école des sciences constituées. La dualité des fins que nous avons proposées à l'enseignement philosophique est donc moins complète qu'il pouvait sembler au premier abord. Tout au moins, si elles sont distinctes, elles sont étroitement solidaires.

Mais justement ce résultat est des plus difficiles à atteindre parce que nos futurs philosophes reçoivent en principe une éducation exclusivement ou essentiellement littéraire. Il y a là une anomalie, à ce qu'il semble, dont il serait curieux de rechercher les origines historiques. Car, enfin, on ne voit pas bien pourquoi le seul moyen de se former à la philosophie serait d'apprendre à disserter, en français ou en latin, sur des sujets de littérature. On dit

que le philosophe doit savoir exprimer sa pensée avec ordre et précision. Mais c'est un art qu'on peut acquérir en traitant des questions philosophiques, et des exercices de rhétorique ne sont pas nécessaires pour cela. Peut-être, par conséquent, la solution logique et radicale serait-elle de rattacher la philosophie à l'enseignement scientifique et d'exiger des candidats à l'agrégation une licence ès sciences. Mais nous ne parlons de cette réforme que pour mémoire ; car il est clair qu'elle n'a actuellement aucune chance d'aboutir.

Mais, à défaut d'une telle exigence, on pourrait du moins orienter les étudiants dans cette direction en assurant quelques privilèges à ceux qui, outre la licence ès lettres, auraient eu Je courage de conquérir celle de mathématiques, de physique ou de sciences naturelles. Par exemple, on pourrait donner aux professeurs qui présenteraient cette garantie une indemnité supplémentaire, juste récompense de leur surcroît de travail et de valeur ; ou bien encore on leur accorderait quelques points de faveur au concours d'agrégation. Seulement, pour éviter de recevoir des candidats uniquement parce qu'ils sont licenciés es sciences, on ferait entrer ces points en ligne de compte pour le classement et non pour l'admission. Enfin, en tout état de cause, quel inconvénient y aurait-il à assimiler la licence ès sciences à la licence ès lettres comme condition d'admissibilité au concours ? On dit qu'une préparation littéraire est indispensable tant qu'il y aura à l'oral trois épreuves consacrées à l'explication des auteurs. Mais ce serait aux candidats à s'arranger en conséquence et à acquérir ces connaissances philologiques, dont ils ne peuvent en effet se passer, tout en poursuivant leurs études scientifiques. On peut croire que plus d'un profiteraient de cette faculté pour se donner tout de suite, au prix d'un effort un peu plus considérable, une culture qui leur permettrait de philosopher sérieusement dans l'avenir. Au reste, même dans l'état actuel, la licence de philologie, qui n'a aucun rapport avec les études philosophiques, suffit pour qu'on soit admis à se présenter. N'est-il pas étrange que la licence ès sciences n'ait pas au moins le même privilège ?

Mais, outre ces dispositions facultatives, des mesures impératives seraient nécessaires qui imposassent à tout le monde un minimum sérieux de connaissances scientifiques. jusqu'à présent, on s'est contenté du baccalauréat restreint, dont la signification est nulle. Mais il vient justement d'être aboli. Le moment est donc propice pour chercher à nouveau ce qu'il convient d'exiger. Les circonstances ayant fait table rase de l'ancienne organisation, on est à l'aise pour rebâtir. Demandera-t-on le baccalauréat lettres-mathématiques ? Mais le savoir qu'il implique n'est pas sensiblement supérieur en quantité ni surtout en qualité à celui que possède déjà un bon élève de philosophie. Il ne fait pas pénétrer beaucoup plus avant dans l'esprit de la science. Si donc la préparation dure un an, nous craignons que le profit obtenu ne soit pas en rapport avec le temps dépensé ; et si elle dure moins d'un an, elle ne pourra être qu'une apparence comme elle a été jusqu'à présent, une gêne pour les candidats, sans utilité pour leur développement mental. Il est même probable que, des deux hypothèses, c'est la seconde qui se réaliserait et que nous verrions de nouveau nos jeunes philosophes mener de front leurs études de licence et leurs études de sciences qui seraient, par suite, aussi négligées dans l'avenir que dans le passé. Il nous semble donc que le mieux serait d'utiliser l'institution récente, dans nos facultés des sciences, d'une année d'études physiques et naturelles à l'usage des étudiants en médecine, et d'exiger le même stage des candidats à l'agrégation de philosophie ainsi que le certificat qui en est la sanction. Dans les facultés, ils seraient en rapports bien plus immédiats avec la science et avec une science de première main. Ils la verraient vivre sous leurs yeux, ils participeraient à sa vie. Une fois qu'ils auraient eux-mêmes fait des expériences, ils seraient mieux en état de réfléchir à la méthode expérimentale. Ils sauraient plus de choses et d'une manière moins livresque, Si, dans la suite, on pouvait compléter cette première éducation en

Organisant, au moins dans les facultés où il existe une section importante d'agrégation, des séries de leçons que donneraient les professeurs de mathématiques et de physique sur les méthodes de leurs sciences respectives, on munirait nos professeurs de philosophie d'une culture scientifique qui ne serait pas sans quelque solidité.

Mais, comme elle aurait un caractère très général, elle ne mettrait pas en état de donner l'enseignement de morale et de psychologie dont nous avons parlé. Pour cela des connaissances spécialement psychologiques et sociologiques seraient nécessaires. Si, jusqu'à présent, les candidats ne se sont guère préoccupés d'en avoir, c'est que la nature de l'examen ne les y invitait pas. Pour que cette ignorance prît fin, il suffirait d'étendre à la leçon dogmatique la mesure qui a été pendant longtemps appliquée à la leçon historique. Il n'y aurait qu'à dresser chaque année par avance une liste de questions, de thèses pour employer l'expression consacrée, choisies parmi celles qui exigent des connaissances définies et de sérieuses recherches, que les candidats, par conséquent, pourraient étudier à loisir et parmi lesquelles seraient pris les sujets de l'épreuve dogmatique orale. Par exemple, on mettrai au programme pour une année les émotions, les théories psycho-physiques, le caractère, les fonctions intellectuelles supérieures, la famille, le crime, etc. ; l'année suivante, la sensation, la perception de l'espace, l'instinct, la volonté, les tendances, la responsabilité, le suicide, etc. Dira-t-on que ces questions sont bien particulières ? Mais l'essentiel est d'habituer nos étudiants à étudier de près un sujet, à prendre le goût des faits et du savoir. De plus, les problèmes d'une même science sont solidaires les uns des autres, et il est impossible d'en approfondir aucun si l'on n'est déjà au courant de la science dans son ensemble [2].

La pratique de ces sciences spéciales, en même temps qu'elle permettrait d'enseigner avec plus de sûreté et de précision la morale et la psychologie, compléterait cette éducation scientifique générale qui doit servir de base à tout bon enseignement de la logique. Les sciences psychologiques et sociales ont leurs notions, leurs méthodes qui jettent sur les principes et les méthodes des autres sciences au moins autant de lumière qu'elles en reçoivent ; et elles ont ce grand avantage que l'étudiant en philosophie peut entrer en contact avec elles bien plus facilement et Plus intimement qu'avec toute autre. Même, comme elles ont été

---

[2]   Nous ne nous prononçons pas sur le point de savoir si cette épreuve devrait remplacer la leçon dogmatique, telle qu'elle est actuellement pratiquée, ou s'y juxtaposer. Si l'on optait pour la seconde solution et si, d'autre part, on ne voulait pas encombrer l'examen oral d'une épreuve de plus, on pourrait supprimer l'explication latine. Beaucoup, déjà, réclament cette suppression à cause de la médiocrité de la philosophie latine ; en fait, pour donner à cette explication un intérêt philosophique, le jury a, dans ces dernières années, inscrit sous le nom d'auteurs latins des philosophes modernes, comme Hobbes, Spinoza, Bacon. De plus, cette mesure enlèverait enfin à la partie philologique du concours la prééminence dont elle jouit actuellement. Trois épreuves orales sur cinq ont présentement ce caractère.

jusqu'à présent peu utilisées dans les spéculations de la méthodologie, elles offrent à la réflexion du logicien une matière d'autant plus riche qu'elle a été moins exploitée.

# IV

On voit que la question est plus complexe qu'il ne pouvait sembler. On n'a pas absous l'enseignement philosophique quand on a rappelé l'intérêt qu'il excite. Mais on n'a pas le droit de le condamner à cause de l'état où il se trouve présentement, car cet état est passager. N'ayant plus, pour l'instant, de fin d'après laquelle il se règle, il est dans une sorte de désarroi ; mais il est des fins vitales auxquelles il peut et doit servir. Nous avons montré quelles étaient et à quelles conditions il les pourrait atteindre.

Nous sommes arrivé à cette conclusion sans nous inspirer d'aucun parti pris d'école. Nous ne nous sommes pas demandé ce qui pouvait le mieux favoriser les intérêts de tel ou tel système, mais ce qu'il y avait de plus utile pour l'éducation publique. Du reste, plusieurs des idées qui viennent d'être exprimées nous sont communes avec un certain nombre de nos collègues dont les doctrines philosophiques diffèrent des nôtres et diffèrent entre elles. Ce que nous souhaitons, ce n'est pas que l'enseignement devienne plus positiviste ou plus évolutionniste, c'est que l'esprit de la science y soit plus présent. Ce n'est pas que nous fassions de la science une sorte de fétiche ou d'idole dont les oracles infaillibles ne doivent être reçus qu'à genoux. Nous n'y voyons qu'un degré du savoir, mais c'en est le degré supérieur, au-delà duquel il n'y a plus rien. Elle ne se distingue des formes les plus humbles de la connaissance que par plus de clarté et de distinction ; mais cela suffit pour qu'elle soit l'idéal auquel aspire toute pensée qui tend à se rendre compte d'elle-même. La subordonner à quelque autre source du connaître, c'est mêler les ténèbres à la lumière sous prétexte que la lumière n'éclaire pas assez. Voilà pourquoi un enseignement qui n'a pas et qui ne donne pas un suffisant sentiment de ce qu'est la science ne peut apporter que le trouble et la confusion dans les esprits. De même, nous ne nous leurrons pas de l'espoir que, dans un avenir prochain, les différentes sciences de l'homme puissent parvenir à des propositions aussi certaines et aussi incontestées que celles des mathématiques et des sciences physico-chimiques. Il n'en est pas moins vrai que l'étude scientifique des faits humains, en nous apprenant à dominer notre sens propre dans l'examen de ces questions qui soulèvent si aisément les passions, rapproche les intelligences et prépare les voies à leur réconciliation. Le seul terrain commun où des raisons individuelles puissent se rencontrer et s'unir sans abdiquer, ce sont les choses. Or le principal objet de la science est justement de nous tirer hors de nous-mêmes pour nous approcher de plus en plus des choses.

Nous ne songeons pas à médire des humanités ; nous savons ce que nous leur devons. Cependant on ne peut méconnaître qu'aujourd'hui nous avons beaucoup moins besoin d'esprits délicats, capables de goûter les belles choses et de s'exprimer avec convenance, que de solides raisons qui, sans se laisser troubler par les tempêtes qui nous menacent, sachent regarder fermement devant elles et marquer le but où il faut marcher. Or il est permis de croire que l'étude des langues et des chefs-d'œuvre littéraires n'est pas le meilleur moyen de préparer un tel résultat. Sans doute, de son côté, la philosophie, à elle seule, ne saurait suffire à une pareille tâche ; pourtant, la part qui lui en revient est de première importance. Seulement, pour qu'elle s'en acquitte, il faut qu'elle soit elle-même autre chose qu'une littérature abstraite. Pour que nos enfants acquièrent les qualités sérieuses et fortes qui leur sont nécessaires, il ne suffit pas que leur maîtres aient ce qu'on est convenu d'appeler du talent ; encore faut-il que ce talent s'applique à une matière et ait été formé par une sévère discipline. Dans ces conditions, l'enseignement philosophique pourrait rendre les plus grands services ; et c'est justement parce que nous avons conscience de tout le bien qu'il peut faire, que nous avons cru pouvoir juger l'état où il se trouve, avec quelque sévérité.

Fin